BEI GRIN MACHT SICH IHR WISSEN BEZAHLT

- Wir veröffentlichen Ihre Hausarbeit,
  Bachelor- und Masterarbeit

- Ihr eigenes eBook und Buch -
  weltweit in allen wichtigen Shops

- Verdienen Sie an jedem Verkauf

Jetzt bei www.GRIN.com hochladen und kostenlos publizieren

Künstliche Intelligenz und Maschinelles Lernen. Vergleich der Deep Learning Frameworks TensorFlow, Keras, PyTorch, CNTK und MXNeT

Marco Nitschke

Bibliografische Information der Deutschen Nationalbibliothek:

Die Deutsche Nationalbibliothek verzeichnet diese Publikation in der Deutschen Nationalbibliografie; detaillierte bibliografische Daten sind im Internet über http://dnb.d-nb.de abrufbar.

ISBN: 9783346464774
Dieses Buch ist auch als E-Book erhältlich.

Druck und Bindung: Books on Demand GmbH, Norderstedt Germany
Gedruckt auf säurefreiem Papier aus verantwortungsvollen Quellen

Das vorliegende Werk wurde sorgfältig erarbeitet. Dennoch übernehmen Autoren und Verlag für die Richtigkeit von Angaben, Hinweisen, Links und Ratschlägen sowie eventuelle Druckfehler keine Haftung.

Das Buch bei GRIN: https://www.grin.com/document/1043196

Künstliche Intelligenz – Maschinelles Lernen

Vergleich der Deep Learning Frameworks

TensorFlow, Keras, PyTorch, CNTK und MXNeT

von

Marco Nitschke

Über den Autor:

Marco Nitschke, geboren 1985, leitet(e) auf Bundes- und Landesebene sowie im kommunalen Bereich Softwareentwicklungs-, Digitalisierungs- sowie Reorganisationsprojekte. Seit jeher sucht er dabei passende Methoden und Instrumente, um gewinnbringend mit der Komplexität derartiger Vorgehen umgehen zu können.

Inhaltsverzeichnis

Abbildungsverzeichnis

1. Einleitung

„Alexa, wie wird das Wetter morgen?" – Wetteransagen von Amazon, Autopiloten bei Tesla oder Echtzeitsprachübersetzungen von Goolge, die Nutzung von intelligenten digitalen Diensten ist ein täglicher Bestandteil unseres Privat- und Berufslebens.

Diese künstliche Intelligenz von Maschinen wird unter anderem durch das Deep Learning ermöglicht. In diesem Assignment sollen die bekannten Deep Learning Frameworks: TensorFlow, Keras, PyTorch, CNTK und MXNeT vorgestellt werden. Darüber hinaus soll geklärt werden, was ein Framework erfolgreich macht und welche Konsequenzen daraus folgen können. Dazu wird in der Folge auch das bereits eingestellte Framework Theano betrachtet.

Zunächst werden im Assignment grundlegende Begrifflichkeiten im Kontext von Deep Learning Frameworks definiert. Im Anschluss wird die grundsätzliche Funktionsweise von Deep Learning erläutert, danach werden die bekanntesten Deep Learning Frameworks vorgestellt und mögliche Erfolgskriterien bewertet. Abschließend findet eine Zusammenfassung der dargestellten Ergebnisse statt.

2. Definitionen

2.1 Künstliche Intelligenz

Künstliche Intelligenz ist ein Teilgebiet der Informatik, das sich mit der Imitation von menschlichen kognitiven Fähigkeiten befasst. Durch die Erkennung und Sortierung von Informationen aus Eingabedaten sollen menschliche Entscheidungsstrukturen nachgebildet und Problemlösungen generiert werden.[1] Künstliche Intelligenz soll dabei logisch denken, planen, lernen sowie kommunizieren und Entscheidungen trotz Unsicherheiten treffen.[2] Das Teilgebiet gliedert sich in zwei Bereiche, in Methoden und in Anwendungen der künstlichen Intelligenz.

2.2 Maschinelles Lernen

Maschinelles Lernen ist eine Methode der künstlichen Intelligenz. Ziel ist es, das menschliche Lernen zu simulieren, so dass sich ein System selbstständig an unerwartete Bedingungen anpassen kann. Hierbei analysiert ein Algorithmus große

---

[1] Vgl. Gablers Wirtschaftslexikon (2021).
[2] Vgl. Frochte (2019), S. 14.

Datenmengen. Orientierung bei der Lösungsentwicklung geben dabei Muster und Gesetzmäßigkeiten der Daten. Das maschinelle Lernen unterscheidet sich von herkömmlichen Algorithmen darin, dass hierbei vorab kein Lösungsweg explizit modelliert wird. Vielmehr lernt der Algorithmus selbstständig die Struktur der Daten zu erkennen und leitet daraus Schlüsse und Aktionen ab. Er lernt also durch Wiederholungen und menschliches Feedback auf erfolgreich ausgeführte Aktionen.[3] Das maschinelle Lernen wird grundsätzlich in überwachtes, in unüberwachtes sowie in verstärkendes Lernen eingeteilt.[4]

2.3 Deep Learning

Deep Learning stellt ein Teilgebiet des maschinellen Lernens dar. Im Unterschied zum maschinellen Lernen ist das Deep Learning System nicht mehr beim Lernvorgang auf den Eingriff des Menschen angewiesen. Vielmehr ist es in der Lage Erlerntes mit neuen Daten zu verknüpfen, so dass der Lernvorgang durch das System betrieben wird. Dies gelingt durch die Analyse großer Datensätze durch künstliche neuronale Netze, die durch die biologischen neuronalen Netze inspiriert sind.[5]

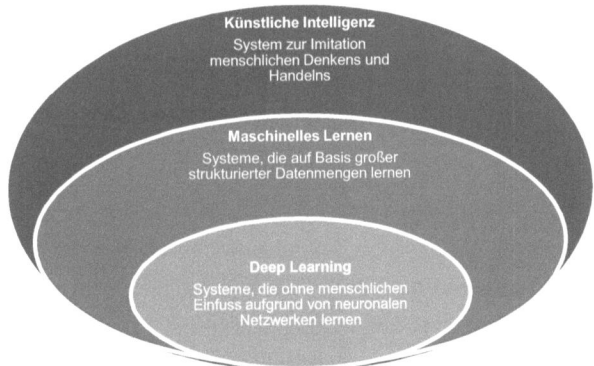

Abbildung 1 - Einordnung Deep Learning[6]

---

[3] Vgl. Wuttke (2021).
[4] Vgl. Goodfellow et al (2016), S. 96 f.
[5] Vgl. Nguyen et al (2019), S. 82 f.
[6] Vgl. Aunkhofer (2017).

3. Grundsätzliche Funktionsweise von Deep Learning

Wie bereits beschrieben, handelt es sich beim Deep Learning um einen Teilbereich des maschinellen Lernens. Dabei werden künstliche neuronale Netze genutzt, um große Datensätze zu analysieren. Die Generierung von künstlicher Intelligenz kann in seiner Funktionsweise mit dem Lernen des menschlichen Gehirns verglichen werden. Auf Grundlage von vorhandenen Informationen und eines neuronalen Netzwerkes kann das System Erlerntes kontinuierlich mit neuen Inhalten verbinden und dadurch sein Lernen vertiefen. In der Konsequenz ist die Maschine durch diese Trainingsmethode in der Lage Prognosen und Entscheidungen zur treffen, aber auch diese zu hinterfragen, d. h. diese zu bestätigen oder in einem weiteren Durchlauf zu ändern. Dies kann aufgrund des künstlichen neuronalen Netzes ohne Eingriff des Menschen erfolgen.

Das Teilgebiet Deep Learning im Kontext des maschinellen Lernens gibt es bereits seit mehreren Jahrzehnten.[7] Aufgrund der erst in den letzten Jahren erschlossenen großen Datenmengen im Sinne von Big Data wurde Deep Learning ein Treiber im Bereich künstliche Intelligenz. Die Datenmengen werden für das Training des künstlichen neuronalen Netzes benötigt. Darüber hinaus konnten durch die künstlichen neuronalen Netze intellektuelle Prozesse des Menschen dargestellt werden, die bis dato als dem Menschen vorbehalten schienen.

Im Weiteren soll die Funktionsweise eines künstlichen neuronalen Netzes erklärt werden.

3.1 Künstliches neuronales Netze

Künstliche neuronale Netze bilden ein informationsverarbeitendes System, das in Struktur und Funktionsweise dem Gehirn abstrakt nachempfunden ist. Ein neuronales Netz besteht aus vielen Schichten linearer und nichtlinearer Verarbeitungseinheiten, den künstlichen Neuronen. Diese parallel arbeitenden Neuronen übermitteln sich Informationen in Form von Aktivierungssignalen über gerichtete Verbindungen.[8]

Grundsätzlich verfügt das neuronale Netz über sogenannte Eingangs- und Ausgangsneuronen.[9] Dazwischen befinden sich mehrere Schichten an Zwischenneuronen. Die Eingangsneuronen können durch das Lernen auf

---

[7] Vgl. Wick (2017), S. 103.
[8] Vgl. Kruse et al (2011), S. 7.
[9] Vgl. Goodfellow et al (2016), S. 164 f.

unterschiedliche Arten über die Zwischenneuronen mit den Ausgangsneuronen verknüpft werden. Die versteckten Schichten (sog. Hidden Layer) zwischen der Eingangs- und Ausgangsschicht sorgen für eine komplexe, tiefe Struktur, daher spricht man auch vom „Deep Learning".[10] Die Hidden Neuronen liegen also zwischen der Eingangs- und Ausgangsschicht und bilden innere Informationsmuster ab. Die Neuronen sind miteinander über sogenannte Kanten verbunden. Je stärker die Verbindung ist, desto größer die Einflussnahme auf das andere Neuron. Es wird dadurch ein individuelles Modell erzeugt, das die Erkennung von Mustern und die Vorhersagen bezüglich neuer Phänomene erlaubt. Umso mehr Neuronen und Schichten ein neuronales Netz umfasst, desto komplexere Sachverhalte können abgebildet werden.[11]

Konkret bedeutet es, dass die Eingangsschicht ihre verarbeiteten Daten an die folgende Schicht weiterleitet. Das Ergebnis dieser Berechnung wird an die Neuronen der nächsten Schicht weitergegeben, die Neuronen der folgenden Schicht werden aktiviert. Die Hidden Layer verarbeiten die Informationen der vorherigen Schicht und übermitteln das Verarbeitungsergebnis an die nächstfolgende Schicht. Je nach Anzahl der Schichten erfolgt somit eine tiefe Verarbeitung innerhalb der versteckten Schichten. Die Neuronen der Hidden Layer enthalten individuelle Gewichte und ordnen den verschiedenen Eingangssignalen ein Output-Ergebnis zu. Die Merkmale der zu verarbeitenden Daten werden mit jeder Verarbeitung abstrakter. Die Datenverarbeitung erfolgt somit innerhalb einer Reihe von verschachtelten Zuordnungen im Rahmen einer jeweiligen Schicht des Netzes. Durch die Verarbeitung über mehrere Schichten erkennt die Maschine, welche Beziehungen in den verarbeitenden Daten für ein Ergebnis nützlich sind. Das Ergebnis wird in der wiederum sichtbaren Ausgangsschicht berechnet und ausgegeben.[12] Auftretende fehlerhafte Ergebnisse können dabei berechnet werden und das Gewicht der beteiligten Neuronen an dem Ergebnis entsprechend verändert werden. In einem weiteren Durchlauf wird dadurch die Fehlerwahrscheinlichkeit minimiert. Das neuronale Netz hat somit gelernt.

---

[10] Vgl. Goodfellow et al (2016), S. 165.
[11] Vgl. Ronsdorf (2020).
[12] Vgl. Goodfellow et al (2016), S. 164 ff.

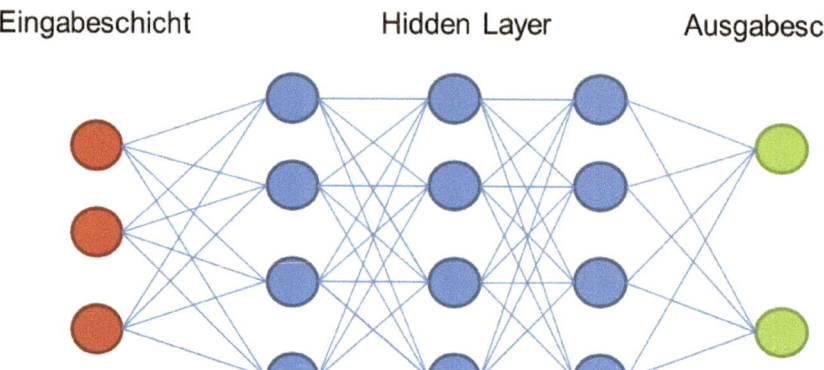

Eingabeschicht   Hidden Layer   Ausgabeschicht

Abbildung 2 - Schema künstliches neuronales Netz

3.2 Anwendungsgebiete von Deep Learning

Deep Learning wird in Bereichen eingesetzt, in denen sich große Input-Datenmengen nach Mustern und Modellen performant untersuchen lassen. Dies ist klassischerweise der Fall bei der Gesichts-, Objekt- oder Spracherkennung.[13]

Durch Deep Learning kann ein Spracherkennungssystem seinen Wortschatz selbstständig mit neuen Wörtern und Redewendungen erweitern. Bekanntestes Beispiel hierfür ist der intelligente Sprachassistent von Apple „Siri". Aber auch beim autonomen Fahren, im Personalwesen, in der Medizin sowie im Finanzwesen findet Deep Learning bereits heute statt.[14]

Deep Learning Modelle können grundsätzlich komplett neu programmiert werden, jedoch bieten vorhandene Softwarebibliotheken, sog. Frameworks, den effizientesten Weg Deep Learning Modelle aufzubauen.

Nachdem also dargestellt wurde, wie Deep Learning grundsätzlich funktioniert und welche Anwendungsbereiche für Deep Learning geeignet sind, sollen in einem nächsten Schritt die bekanntesten Deep Learning Frameworks vorgestellt und miteinander verglichen werden.

---

[13] Vgl. Aunkhofer (2017).
[14] Vgl. Tiedemann (2020).

4. Deep Learning Frameworks

4.1 TensorFlow

Das Deep Learning Framework TensorFlow ist ein durchgängiges Open Source Framework von Google Brain. Der Name leitet sich von Rechenoperationen ab, die von künstlichen neuronalen Netzen auf mehrdimensionalen Datenfeldern, sog. Arrays oder Tensoren, ausgeführt werden. Es wurde im Jahr 2015 erstveröffentlicht[15] und findet unter anderem Einsatz bei den Unternehmen AirBnB, Spotify oder Paypal.[16]

Im Folgenden soll kurz die Technologie, die Funktionalität und Benutzerfreundlichkeit sowie das Anwendungsumfeld des Frameworks dargestellt werden.

4.1.1 Technologie

Grundsätzlich funktioniert das Framework TensorFlow über die Abbildung von mathematischen Operationen in einem Graphen. Dieser stellt die mathematischen Operationen als Diagramm mit Kanten und Knoten dar.[17] Durch das Verbinden der Knoten entwickelt sich ein Graph, der die Grundlage für die künstlichen neuronalen Netze bildet. Am jeweiligen Knotenpunkt werden Daten verarbeitet und zum nächsten Knotenpunkt weitergeleitet.[18] Tensorflow beruht also auf einem statischen "Computational Graph", während Pytorch auf einem dynamischen "Computational Graph" beruht. Je nach Anwendung, kann dies zu einfacherem Code führen.

TensorFlow wird derzeit auf der Open Source Softwarelizenz Apache 2.0 angeboten. Es läuft auf den Plattformen Linux, MacOS, Windows und Android, somit auch auf Mobilgeräten. Die Programmierung in TensorFlow unterstützt die Entwicklungssprachen C++; Python sowie CUDA. Weiterhin besitzt TensorFlow Interfaces zu Python (Keras), C/C++, Java, Go, JavaScript, R, Julia, Swift. Zusätzlich werden vorgeübte Modelle bereitgestellt sowie convolutional, recurrent oder dense Layers abgebildet.[19]

---

[15] Vgl. Menge-Sonnentag (2016).
[16] Vgl. TensorFlow.org/Casestudies (2021).
[17] Vgl. Betram (2019).
[18] Vgl. Mishra (2021).
[19] Vgl. TensorFlow.org/API (2021).

4.1.2 Funktionalität und Benutzerfreundlichkeit

Aufgrund seiner Portierbarkeit in verschiedene Betriebssysteme sowie Hardwareplattformen bietet TensorFlow eine breite Plattform für unterschiedliche Nutzer und Nutzungsformen. TensorFlow besitzt u. a. daher die aktivste Community sowie den aktivsten Support. Dies hat Auswirkungen auf die sich stetig weiterentwickelnden Funktionalitäten, die Benutzerfreundlichkeit sowie die vorliegenden Dokumentationen und Richtlinien.[20]

Trotz allem muss festgestellt werden, dass die Einstiegsschwelle zur Nutzung von TensorFlow, vor allem ohne Vorerfahrung mit Python und Nutzung von Keras, höher als bei anderen Frameworks liegt. Auch schneidet das Framework bei einem Performance-Benchmark-Test schlechter ab als andere Frameworks. Zusätzlich gestaltet sich das Debugging bei TensorFlow als herausfordernd.[21]

4.1.3 Anwendungsumfeld

Das Framework findet vor allem im kommerziellen Umfeld von Sprach- und Bildverarbeitung Anwendung, beispielhaft seien hier „Google Translate" oder „Google Street View" genannt.[22] Es eignet sich somit optimal für Deep Learning Anwendungen mit mehrschichtigen neuronalen Netzen.[23]

4.2 Keras

Keras ist eine von Francois Chollet im Jahre 2015 veröffentlichte Deep Learning Bibliothek auf Basis von Python. Keras unterstützt viele standardisierte neuronale Netzwerkschichten, wie z. B. convolutional, recurrent oder dense Layers.[24] Die Keras Bibliothek bot bis zur Version 2.3 im Backend eine einheitliche Schnittstelle für Frameworks, wie z. B. TensorFlow oder Microsoft Cognitiv Toolkit, an.[25] Ab Version 2.4 wird nur noch TensorFlow unterstützt.[26]

4.2.1 Technologie

Das in Python geschriebene Keras wird über eine MIT-Lizenz als Open Source Produkt angeboten. Es läuft auf den Plattformen Linux, MacOS sowie Windows.

---

[20] Vgl. Shivanandhan (2020).
[21] Vgl. Opala (2019).
[22] Vgl. Ablavatski/Dukhan (2021).
[23] Vgl. Opala (2019).
[24] Vgl. Opala (2019).
[25] Vgl. Mishra (2021).
[26] Vgl. Keras.io/API (2021)

Keras besitzt zusätzlich ein Interface zur Programmiersprache R. Zusätzlich werden vorgeübte Modelle bereitgestellt sowie convolutional, recurrent oder dense Layers abgebildet.[27]

4.2.2 Funktionalität und Benutzerfreundlichkeit

Keras wurde entwickelt um ein schnelles Experimentieren zu ermöglichen. Die Anwendung ist intuitiv und ermöglicht ein schnelles Prototyping. Die Einstiegsschwelle für Anfänger ist daher gering. Auch bietet Keras die Unterstützung verschiedenster Formen von neuronalen Netzwerken sowie von GPUs an. [28]

Das Ziel mit Keras schnell und intuitiv Experimentieren zu können, schränkt die Möglichkeiten im Vergleich zu anderen Frameworks jedoch ein. Durch die Integration von TensorFlow wird aber die Möglichkeit weiterer Funktionalitäten geschaffen.[29] Nachteilig ist dabei jedoch, dass die Integration seit Version 2.4 nur noch bei TensorFlow unterstützt wird.

4.2.3 Anwendungsumfeld

Keras wird in der Integration mit TensorFlow beim Prototyping in der Text- und Bildbearbeitung verwendet. Es hat nach eigenen Angaben ca. 375.000 Benutzer.[30]

4.3 PyTorch

PyTorch ist ein von Facebook im Jahre 2016 entwickeltes Open Source Framework, das auf der Torch Bibliothek basiert. Es bietet die Möglichkeit leistungsstarke Tensor-Analysen sowie künstliche neuronale Netze zu erstellen. PyTorch stellt derzeit den größten Konkurrenten von TensorFlow im Bereich Deep Learning Framework dar.[31]

4.3.1 Technologie

PyTorch ist über eine freie BSD-Lizenz zugänglich. Es ist für die Programmiersprachen Python, C/C++, CUDA geschrieben und auf Linux, MacOS und Windows-Plattformen lauffähig. Zusätzlich werden vorgeübte Modelle bereitgestellt sowie convolutional, recurrent oder dense Layers abgebildet.[32]

---

[27] Vgl. Keras.io/API (2021).
[28] Vgl. Opala (2019).
[29] Vgl. Opala (2019).
[30] Vgl. Keras.io/why_keras (2021).
[31] Vgl. Mishra (2021).
[32] Vgl. Pytorch.org (2021).

4.3.2 Funktionalität und Benutzerfreundlichkeit

PyTorch bietet aufgrund seines benutzerfreundlichen Designs und seiner Struktur eine einfache Möglichkeit eigene Layertypen zu modellieren und auf der GPU auszuführen. Zusätzlich können vorgegebene Module kombiniert sowie vorab trainierte Modelle genutzt werden. Auch im Bereich des Debuggings ist PyTorch TensorFlow überlegen.[33]

Jedoch ist PyTorch im Vergleich zu TensorFlow das jüngere Framework. Die Größe der Community sowie die einheitliche Dokumentation des Frameworks sind daher noch nicht mit der von TensorFlow vergleichbar. Auch überzeugt es zwar durch seine modulare „Plug and Play" Möglichkeiten, allerdings sind die Möglichkeiten der eigenen Programmierung begrenzter.[34]

4.3.3 Anwendungsumfeld

Aufgrund seiner vorgegebenen Module und Modelle wird PyTorch hauptsächlich zum schnellen und effektiven Training von Deep Learning Modellen verwandt. Es wird daher vor allem im Kontext von Forschung angewandt, z. B. an der University of Oxford. Aber auch in der Bilderkennung sowie zur Verarbeitung von Sprachen hat PyTorch seine Stärken und wird bereits von IBM und Twitter zum Einsatz gebracht.[35]

4.4 CNTK

Microsoft hat im Jahr 2016 das Open Source Deep Learning Framework CNTK, in der weiteren Entwicklung auch Microsoft Cognitive Toolkit, veröffentlicht. Das Framework wird von Microsoft in seinen Anwendungen und Produkten, wie Skype oder Cortana verwandt. Das letzte Update von CNTK wurde von Microsoft jedoch im Januar 2019 veröffentlicht. CNTK kann somit als veraltet angesehen werden.[36]

4.4.1 Technologie

CNTK entwickelt ein künstliches neuronales Netzwerk aus einer Reihe von Rechenoperationen über einen gerichteten Graphen. Es ermöglicht somit die einfache Kombination von convolutional, recurrent oder dense Layers.

---

[33] Vgl. Shivanandhan (202).
[34] Vgl. Nicholson (2020).
[35] Vgl. Opala (2019)
[36] Vgl. Yalcin (2021).

Das Framework wird über eine MIT-Lizenz frei zur Verfügung gestellt und läuft grundsätzlich auf den Betriebsumgebungen Windwos und Linux. CNKT ist mit C++ geschrieben, unterstützt jedoch Python.[37]

4.4.2 Funktionalität und Benutzerfreundlichkeit

Grundsätzlich hat CNTK den Vorteil, dass Microsoft das gängige Betriebssystem Windows stellt. Somit wird auch das entsprechende Framework hierzu genutzt, da es einfach integriert werden kann und auch mit der Azure Cloud von Microsoft kompatibel ist.[38] Zusätzlich ist es mit Blick auf die Leistung und Skalierbarkeit effizient in Bezug auf die Ressourcennutzung.[39]

Aufgrund der fehlenden Weiterentwicklung durch Microsoft muss das Framework jedoch als veraltet angesehen werden. Dies wird sich auch auf die Nutzung und Unterstützung der Community auswirken.[40]

4.4.3 Anwendungsumfeld

CNTK wird hauptsächlich für das Training von Sprach-, Handschrift- und Bilderkennung im Microsoftumfeld genutzt.

4.5 MXNeT

Apache MXNeT ist ein im Jahr 2015 veröffentlichtes Open Source Deep Learning Framework. Es zeichnet sich dadurch aus, dass es auf Flexibilität und Produktivität ausgelegt ist. Konkret bedeutet das, dass MXNeT ein schnelles Modelltraining, ein flexibles Programmiermodell sowie eine große Anzahl an Programmiersprachen unterstützt. MXNeT findet vor allem Anwendung bei Amazons Web Service. [41]

4.5.1 Technologie

MXNet ist über eine freie Apache 2.0 Lizenz zugänglich. Es läuft unter den Plattformen Linux, MacOS, Windows, AWS, Android, iOS, JvaScript und untersützt die Entwicklungssprachen C++, Python, Julia, Matlab, JavaScript, Go, Scala, Perl,

---

[37] Vgl. Nicholson (2020).
[38] Vgl. Shivanandhan (2020).
[39] Vgl. Opala (2019).
[40] Vgl. Yalcin (2021).
[41] Vgl. Mishra (2021).

Clojure. Zusätzlich werden vorgeübte Modelle bereitgestellt sowie convolutional, recurrent oder dense Layers abgebildet.[42]

4.5.2 Funktionalität und Benutzerfreundlichkeit

MXNet zeichnet sich durch seine Skalierbarkeit, seine Flexibilität und seine Portabilität aus. Die Modellbedienung ist einfach und schnell. Die eingesetzte API ist leistungsstark und imperativ. Durch die Portabilität kann das Framework auch in Low-End-Umgebungen eingesetzt werden.[43]

Im Vergleich zu TensorFlow hat MXNet noch eine kleine Open Source Community, so dass die Zyklen zur Verbesserungen oder Fehlerbehebungen länger sind.[44]

4.5.3 Anwendungsumfeld

MXNet wird vor allem in der Industrie in den Bereichen Sprach- und Handschrifterkennung, beim Natural Language Processing und der Prognose verwandt.[45] Bekanntester Nutzer von MXNet ist Amazon mit seinem Amazon Web Services.

4.6 Theano

Das 2007 von der Universität Montreal entwickelte Theano gilt als der Grundstein für Deep Learning Frameworks. Dabei stellt Theano eine Bibliothek dar, die mehrdimensionale Arrays verarbeiten kann. Somit dient Theano vor allem zur Datenexploration. Die Entwicklung von Theano wurde im Jahr 2017 eingestellt.[46]

4.6.1 Technologie

Theano ist in Python geschrieben und über eine freie BSD-Lizenz verfügbar. Es bietet grundsätzlich die Möglichkeit von vorgeübten Modellen sowie convolutional, recurrent oder dense Layern.[47]

4.6.2 Funktionalität und Benutzerfreundlichkeit

Im Vergleich mit den großen Branchenakteuren kann Theano mit Blick auf eine intuitive Benutzeroberfläche, Kompilierungszeiten, Debugging sowie die fehlenden

---

[42] Vgl. MXNet.org Release 1.8.0 (2021).
[43] Vgl. Opala (2019).
[44] Vgl. Shivanandhan (2020).
[45] Vgl. Opala (2019).
[46] Vgl. Nicholson (2020).
[47] Vgl. Nicholson (2020).

Funktionalitäten für vorab trainierte Modelle nicht mithalten. Zwar wurde versucht durch Bibliotheken, wie Keras, die Nutzung intuitiver und einfacher zu gestalten, jedoch konnte Theano die Defizite bei Performance, Funktionalität und Skalierbarkeit zu den anderen Frameworks nicht aufholen.[48]

4.6.3 Anwendungsumfeld

Theano wird hauptsächlich im Forschungsumfeld genutzt.

---

[48] Vgl. Nicholson (2020).

4.7 Übersicht und Bewertung

Zusammenfassend werden nachfolgend alle betrachteten Deep Learning Frameworks noch einmal mit ihren Eigenschaften tabellarisch abgebildet:

Framework	Lizenz	Sprache	Betriebs-system	Vorteile	Nachteile
TensorFlow	Apache 2.0	C++; Python sowie CUDA	Linux, MacOS, Windows und Android	Portierbarkeit; Community; Möglichkeiten der Visualisierung	Einstiegsschwelle; Debugging; Performance
Keras	MIT	Python	Linux, MacOS, Windows	Einstiegsschwelle; Prototyping	Abhängigkeit TensorFlow Anzahl Funktionalitäten
PyTorch	BSD	C/C++; Python sowie CUDA	Linux, MacOS, Windows	Plug and Play durch Module/Modelle; Debugging	Unvollständige Dokumentation
CNTK	MIT	C++	Windows, Linux	Kompatibel im Microsoftumfeld; Ressourcen-nutzung	Letztes Release 2019, daher veraltet
MXNet	Apache 2.0	C++;unterstützt eine Vielzahl an Sprachen	Linux, MacOS, Windows, AWS, Android, iOS, JavaScript	Skalierbarkeit; Flexibilität; Portabilität	Kleine Community; Längere Entwicklungs-iterationen
Theano	BSD	Python	über-greifend	Vorreiter; langjährige Entwicklung	Support/Weiterentwicklung eingestellt; Design/Funktionalität nicht mehr zeitgemäß

Abbildung 3 - Übersicht Deep Learning Framework

Nach der Betrachtung der Frameworks stellt sich jedoch die Frage, was ein erfolgreiches Framework ausmacht.

Die Antwort darauf ist nicht monokausal. Grundsätzlich kann jedoch festgehalten werden, dass ein Framework nur dann eine bedeutende Rolle spielt, wenn es kurze Entwicklungs- und Supportzyklen besitzt. Aufgrund der fehlenden Weiterentwicklung fallen die Frameworks Theano und CNKT daher bereits gegenüber den anderen Akteuren ab.

Ein weiterer wichtiger Punkt für die Rolle des Frameworks sind die Entwicklungsreife des Produktes sowie die Unterstützung der Plattformen und Programmiersprachen. Eine breite Kompatibilität führt dazu, dass viele Anwender das Framework nutzen und somit mit weiterentwickeln. Von einer ausgeprägten Community-Unterstützung profitiert derzeit vor allem TensorFlow. Dies ermöglicht TensorFlow sowohl einen breiten Support, als auch vielen neue Funktionalitäten und Modelle iterativ zu entwickeln.

Einen weiteren Ansatzpunkt stellt die intuitive Bedienung des Frameworks dar. Deep Learning Frameworks sollen nicht nur einer kleinen Gruppe von Experten zugänglich sein, sondern auch Anfängern die Möglichkeit bieten das Framework zu nutzen und weiterzuentwickeln. Hier hat TensorFlow durch die Einbindung von Keras einen wichtigen Schritt zu einer intuitiven Nutzung beschritten. Jedoch ist PyTorch durch seine Plug and Play Modelle für den Nutzer ohne Expertenwissen noch zugänglicher.

Zuletzt zeichnet sich jedoch ab, dass die Rolle des Frameworks auch durch die kommerzielle Nutzung bestimmt wird. Unternehmen wie Amazon, Apple und Intel nutzen derzeit das Framework MXNet und bestimmen durch ihre Marktmacht auch die weitere Entwicklung dieses Frameworks. Dies ist zunächst grundsätzlich positiv zu werten, da so das Thema Deep Learning Frameworks sowohl finanzielle, politische, aber auch unternehmerische Unterstützung erhält. Eine schnellere Entwicklung im Bereich Deep Learning ist somit möglich.

Jedoch bestehen auch die Gefahren der Kannibalisierung anderer Open Source Frameworks sowie der Monopolisierung von Deep Learning Frameworks. Dies hätte zur Folge, dass der Open Source Community Gedanke nicht mehr gelebt werden kann und die Funktionalitäten sowie Weiterentwicklungen nicht mehr dem Open Source Gedanken verfolgen, sondern durch die Marktinteressen der Industrieplayer bestimmt wird.

5. Zusammenfassung und Ausblick

Das Assignment hat aufgezeigt, dass sich Frameworks für Deep Learning für viele Anwendungsfälle innerhalb der künstlichen Intelligenz anbieten. Je nach Anwendungsfall, z. B. die Erkennung von Sprache oder Bildern, aber auch nach Anwender, z. B. schnelles Experimentieren durch die Forschung oder skalierbare Anwendungen für die Industrie, haben Frameworks für Deep Learning Vor- und Nachteile. Das Assignment ist vergleichend auf diese generischen Merkmale eingegangen und hat geklärt, welche Ausprägungen Frameworks erfolgreich machen.

Darüber hinaus wurde angeschnitten, welche Auswirkungen der Erfolg einiger weniger Frameworks haben kann und welche Konsequenzen sich daraus ableiten lassen. Es besteht hierbei die Gefahr der Kannibalisierung der Frameworks durch von Marktmacht getriebener wirtschaftlicher Interessen. Im Gegenzug existiert auch die Chance, dass die Herausbildung von funktionsfähigen, skalierbaren und portablen Frameworks zu einem weiteren Entwicklungsschub im Bereich Deep Learning führen kann, von dem auch non-profit Unternehmen sowie die Gesellschaft im Allgemeinem, profitieren kann.

Die Entwicklungen von Deep Learning Frameworks, somit auch die Auswirkungen sowie die Chancen, stehen noch am Anfang. Deep Learning Anwendungen werden in den kommenden Jahren unser Leben immer tiefgreifender prägen und gestalten. Es wird dabei wichtig sein, die genutzten Frameworks zu verstehen und den Open-Source Gedanken weiter zu leben.

Literaturverzeichnis

Ablavatski, A./Dukhan, M. (2021): Accelerating Neural Networks on Mobile and Web with Sparse Inference, https://ai.googleblog.com/search/label/TensorFlow, zugegriffen am 17.04.2021.

Aunkofer, B. (2018): Machine Learning vs Deep Learning – Wo liegt der Unterschied? Data Science Blog, https://data-science-blog.com/blog/2018/05/14/machine-learning-vs-deep-learning-wo-liegt-der-unterschied, zugegriffen am 17.04.2021.

Betram, S. (2019): Vergleich von Machine-Learning-Frameworks, https://www.heise.de/select/ix/2019/1/1545999823788057, zugegriffen am 17.04.2021.

Frochte, J. (2019): Maschinelles Lernen. Grundlagen und Algorithmen in Phyton, 2., aktualisierte Auflage, München.

Gablers Wirtschaftslexikon (Hrsg.): Künstliche Intelligenz, https://wirtschaftslexikon.gabler.de/definition/kuenstliche-intelligenz-ki-40285, zugegriffen am 17.04.2021.

Goodfellow, I.; Bengio, Y.; Courville. A. (2016): Deep Learning, https://www.deeplearningbook.org, zugegriffen am 17.04.2021.

Keras.io (2021): Keras API reference, https://keras.io/api/, zugegriffen am 17.04.2021.

Keras.io (2021): Why choose Keras, https://keras.io/why_keras/, zugegriffen am 17.04.2021.

Kruse, R.; Borgelt, C.; Klawonn, F.; Moewes, C.; Ruß, G.; Steinbrecher, M. (2011): Künstliche neuronale Netze. In: Computational Intelligence. Computational Intelligence, Wiesbaden.

Menge-Sonnentag, R. (2016): Maschinelles Lernen: TensorFlow erscheint für Windows, https://www.heise.de/developer/meldung/Maschinelles-Lernen-TensorFlow-erscheint-fuer-Windows-3511660.html, zugegriffen am 17.04.2021.

Mishra, M. (2021): Deep Learning Framework Comparison, https://jktech.com/insight/blogs/deep-learning-framework-comparison/, zugegriffen am 17.04.2021.

MXNet.org (2021): Release 1.8.0, https://mxnet.apache.org/versions/1.8.0/index.html, zugegriffen 17.04.2021.

Nguyen, G.; Dlugolinsky, S.; Bobák, M. (2019): Machine Learning and Deep Learning frameworks and libraries for large-scale data mining: a survey, https://doi-org.gw.akad-d.de/10.1007/s10462-018-09679-z.

Nicholson, C. (2020): Comparison of AI Framework, https://wiki.pathmind.com/comparison-frameworks-dl4j-tensorflow-pytorch, zugegriffen am 17.04.2021.

Opala, M. (2019): Deep Learning Frameworks Comparison – Tensorflow, PyTorch, Keras, MXNet, The Microsoft Cognitive Toolkit, Caffe, Deeplearning4j, Chainer, https://www.netguru.com/blog/deep-learning-frameworks-comparison, zugegriffen am 17.04.2021.

Pytorch.org (2021): Library API, https://pytorch.org/cppdocs/api/library_root.html, zugegriffen am 17.04.2021.

Ronsdorf, J. (2020): Microsoft erklärt: Was ist Deep Learning? Definition & Funktionen von DL, https://news.microsoft.com/de-de/microsoft-erklaert-was-ist-deep-learning-definition-funktionen-von-dl, zugegriffen am 17.04.2021.

Shivanandhan, M. (2020): A Detailed Comparison Of The Popular Deep Learning Frameworks, https://medium.com/manishmshiva/a-detailed-comparison-of-the-popular-deep-learning-frameworks-a0f65fddf276, zugegriffen am 17.04.2021.

TensorFlow.org (2021): API Documentation, https://www.tensorflow.org/api_docs, zugegriffen am 17.04.2021.

TensorFlow.org (2021): Learn how TensorFlow solves real, everyday machine learning problems, https://www.tensorflow.org/about/case-studies, zugegriffen am 17.04.2021.

Tiedemann, M. (2020): Deep Learning in der Praxis: 5 Anwendungsfälle für Deep-Learning-Algorithmen, https://www.alexanderthamm.com/de/blog/deep-learning-in-der-praxis, zugegriffen am 17.04.2021.

Wick, C. (2017): Deep Learning. *Informatik Spektrum* 40, 103–107 (2017). https://doi-org.gw.akad-d.de/10.1007/s00287-016-1013-2.

Wuttke, L. (Hrsg.): Machine Learning: Definition, Algorithmen, Methoden und Beispiele, https://datasolut.com/was-ist-machine-learning, zugegriffen am 17.04.2021.

Yalcin, O. (2021): Top 5 Deep Learning Frameworks to Watch in 2021 and Why TensorFlow, https://towardsdatascience.com/top-5-deep-learning-frameworks-to-watch-in-2021-and-why-tensorflow-98d8d6667351, zugegriffen am 17.04.2021.

BEI GRIN MACHT SICH IHR WISSEN BEZAHLT

- Wir veröffentlichen Ihre Hausarbeit,
  Bachelor- und Masterarbeit

- Ihr eigenes eBook und Buch -
  weltweit in allen wichtigen Shops

- Verdienen Sie an jedem Verkauf

Jetzt bei www.GRIN.com hochladen
und kostenlos publizieren